성경의 세 가지 접근

최순애 지음

믿음의말씀사

성경의 세 가지 접근

발행일 2016. 10. 29 1판 1쇄 발행
2025. 8. 28 1판 5쇄 발행

지은이 최순애
발행인 최순애
발행처 믿음의말씀사
2000. 8. 14 등록 제 68호
우) 18365 경기도 화성시 만년로 915번길 27 B동
Tel. 031) 8005-5483 Fax. 031) 8005-5485
http://faithbook.kr

ISBN 89-94901-68-× 03230
값 4,500원

* 본문 성구는 말씀보존학회 한글킹제임스 성경을 기본으로 사용하였습니다.

목차

들어가는 말

할렐루야! 오늘도 우리를 그리스도 예수 안에 있는 더 높은 차원의 삶으로 인도하시는 주님을 찬양합니다. 오랜 세월 저는 주님의 자녀로 성장하고 사역자로서 많은 사람들을 섬기면서 그리스도인이 지속적으로 성장하기 위해서는 말씀에 대한 바른 접근이 필요하다는 것을 절실히 깨닫게 되었습니다.

오늘 이 작은 책자는 여러분으로 하여금 다른 차원으로 기능하게 하여 효과적인 성장을 하도록 인도하는 주님의 도구가 될 것을 확신합니다.

우리가 그리스도 예수 안에서 더 높은 차원의 삶, 더 아름다운 삶을 갈망할 때 주님의 신실하심이 삶 가운데 역사하여서 책이나 테이프 혹은 그런 더 높은 차원에 살고 있는 사람들을 만나게 하심으로 그 갈망에 응답하십니다.

수년 전, 미국 오클라호마 주 털사에 있는 『성령의 삶 능력의 삶』 믿음의 말씀사, 2004 이란 책을 쓰신 데이브 로버슨 목사님의 교회에서 일 년에 한두 번씩 열리는 집회에 참석한 적이 있습니다. 집회에 참석할 때마다 늘 제 마음에는 넘치는 감사와 함께 '내가 어떻게 지구 반대편에서 이 은혜의 자리에 와 앉아 있을까?' 하는 의문이 있었습니다. 그러나 그 의문은 주님이 주신 감동으로 곧 풀렸습니다. 그것은 영적으로 발전하고 싶어 하는 제 갈망에 대한 신실하신 주님의 응답

이었습니다. 그런 인도는 제 삶에서 지속적으로 있어왔고 앞으로도 그럴 것입니다.

여러분의 삶과 사역이 말씀으로 잘 정비되어서, 보다 효과적이고 생산적으로 살며 사역하도록 이 메시지가 여러분에게 축복이 되기를 기대합니다.

하나님 아버지께서는 우리 주변의 세상 사람들이 그분께서 주신 영생을 누리며 살아가는 그리스도인의 삶을 보고 사모하게 되어, 그들도 우리와 같이 영혼구원을 받고 왕국의 삶을 살게 되기를 바라십니다.

인간이면 누구나 마땅히 하나님께서 그리스도 예수를 통해 예비해 놓으신 좋은 삶 안으로 들어와 살 권리와 자격이 있습니다. 그것은 하나님께서 우리가 그렇게 되기를 꿈꾸시며 독생자 예수 그리스도를 보내시어 이미 이루어 놓으신 일입니다. 그런 일에 합당하게 준비되고 주님의 도구가 되는 것이 우리가 바라보는 그림입니다.

변화에 대한 우리의 태도

발전한다는 것은 변화하는 것입니다. 변화가 없이는 발전을 기대할 수 없습니다. 그러나 저를 포함한 대부분의 사람들은 변화를 좋아하지 않습니다. 저 역시도 불신자로 살다가 그리스도인이 되어서야 많은 변화가 필요하다는 것을 깨닫고, 그리스도인으로서 발전하기 위해 변화하기 시작했습니다. 이제 제 삶에서 변화는 자연스러운 것이 되었습니다.

새로운 것을 배우면 당연히 변화해야 합니다. 생각도 변하고 말도 변하고 삶도 변해야 합니다. 그렇게 되면, 삶의 모든 열매들은 변화하게 됩니다. 그래서 변화를 불편해하지 않는 체질을 개발하는 것이 너무 중요합니다.

성경에는 예수님의 완전한 삶의 모습이 있지만, '예수님은 예수님이시니까 그렇게 사셨던 것이고 나는 주변에서 그렇게 사는 사람을 보지 못했어!' 라며 우리의 제한된 경험들이 우리의 전진을 가로막았습니다. 이런 생각을 가지고 있던 저에게 하나님께서 여러 명의 멘토를 보내주셨고 새로운 멘토를 만날 때마다 다른 것들을 조명해 주셨습니다. 그것들은 곧 변화라는 과정을 통해 저의 삶과 사역이 발전되게 했습니다.

거듭난 후 하나님께서 제일 먼저 보내 주셨던

멘토는 케네스 해긴Kenneth E. Hagin[1] 목사님이었습니다. 그분은 저를 개인적으로 알지 못하지만, 저는 해긴 목사님이 쓰신 책들과 말씀 그리고 목사님이 운영하시던 레마 성경 훈련소를 통해 그분으로부터 배우게 되었습니다. 하나님께서는 제가 성경이나 신앙생활에 대해 의문을 가지고 있을 때마다 케네스 해긴 목사님의 책이나 강의를 통해 정확한 답을 주시곤 했습니다.

케네스 해긴 목사님은 저의 개인 신앙생활에 가장 많은 영향을 끼친 멘토이셨습니다. 케네스

---

1) 믿음을 가르친 교사로 17세 나이에 기형 심장병과 불치의 혈액병에서 기적적으로 치유받은 뒤 약 70년간 세계적인 사역을 하며 레마 성경 훈련소Rhema Bible Training Center와 레마 교회Rhema Church를 담임하였습니다. rhema.org

해긴 목사님이 천국으로 가신 후 하나님께서는 저희 부부를 데이브 로버슨Dave Roberson[2] 목사님께로 인도해 주셨습니다. 데이브 로버슨 목사님은 그리스도 안에서 거듭난 본성이 무엇인지 정확하게 알게 해 주셨을 뿐만 아니라 일 년에 한두 번 참석하는 집회에 갈 때마다 친근하게 저희를 대해 주셨습니다. 데이브 로버슨 목사님은 누구보다도 성령 충만하신 최고의 모델이셨지만 항상 기도하며 부흥을 기다리는 독특한 부르심 안에 걷고 계셨기에 저희 부부에게는 다른 사역의 모델이 필요했습니다. 그래서 사역의 좋은 모델을 찾고 있을 즈음 하나님께서는 저희 부부를

2) 오클라호마 털사에서 "가족 기도 센터The Family Prayer Center" 교회의 담임목사로 섬기고 있습니다. daveroberson.org

크리스 오야킬로메Chris Oyakhilome[3] 목사님께로 인도해 주셨고, 그곳에서 사역에 대해 많은 것을 배우게 되었으며 지금도 배우고 있습니다.

이런 여러 멘토들이 저보다 먼저 정확한 하나님의 말씀을 가지고 살아가면서 각자의 삶을 보여 주셨습니다. 그분들의 삶과 사역을 보는 것 자체가 저에게는 큰 걸음을 떼어 크게 도약할 수 있게 하는 하나님의 선물이었습니다.

그리스도의 몸은 서로 상합되고 연결되어 반드시 누군가를 통해서 공급 받게 되어 있습니다.

---

3) 아프리카의 가장 큰 교회 중 하나인 Christ Embassy Church 총재로서 전 세계에 796개 언어로 발행되는 월간 『말씀의 실재Rhapsody of Realities』의 저자이며, 그의 사역 중 하나인 치유 학교Healing School에서는 현재 많은 불치병 환자들이 찾아와 치유받고 있습니다. christembassy.org

본인이 인정하든 인정하지 않든, 하나님이 보실 때는 윗권위가 존재하고, 그 윗권위를 통해 공급을 받게 되면 그 은혜는 또 나를 통해 누군가에게 흘러가야 하는 것입니다. 그래야 건강한 그리스도인으로 성장하며 발전할 수 있습니다. 혼자 성장하는 그리스도인은 있을 수 없습니다. 우리가 이런 모든 것에 대해 감사하며 새롭고 생소하지만 그 변화를 달갑게 받아들일 때 우리는 더 빨리 효과적으로 성장할 수 있습니다.

우리가 나누고 있는 이 "새로운 피조물"에 대한 계시는 오래 전 E. W. 케년Essek William Kenyon[4)]

---

4) 믿음의 말씀의 선각자로서 복음전도자, 성경학교 교장, 저술가, 시인으로 활동하였으며, 저서로는 『두 가지의』, 『하나님 아버지와 그분의 가족』, 『나의 신분증』 등 다수가 있습니다. kenyons.org

목사님이 그분의 책에서 나누신 것입니다. 케년 목사님은 그리스도인이 거듭날 때 새로운 피조물이 되는 것에 대한 계시를 받고 그에 관한 책들을 쓰신 후에 하나님께로 가셨습니다. 그러나 하나님께서 이 책을 사용하셔서 세기마다 그분의 책을 읽고 놀라운 삶을 사는 사람들이 계속 있었습니다. 그분들 중 하나가 케네스 해긴 목사님입니다. 케네스 해긴 목사님은 E. W. 케년 목사님의 메시지를 개인의 삶에 잘 적용하여 자신의 삶을 승리하고 사셨으며, 많은 기적을 나타내셨고, 또 학교를 세우셔서 그것들을 학생들에게 가르치심으로 전 세계에 영향을 끼치셨습니다.

그런가 하면, 데이브 로버슨 목사님은 케네스 해긴 목사님의 영향을 받으셨습니다. 데이브 로버슨 목사님은 케네스 해긴 목사님의 말씀을 책과 테이프를 통해 배우셨고, 같은 도시에서 사역하면서 해긴 목사님을 늘 스승으로 삼고 계셨습니다. 그런데 케네스 해긴 목사님이 60대에 누리던 것을 데이브 로버슨 목사님은 50대도 안 되어 누리기 시작했으니 더 진보된 삶을 사셨던 것입니다. 마치 '어깨를 밟고 일어선다'는 표현처럼, 그분은 케네스 해긴 목사님께 배운 것을 삶에 적용하면서 대단한 개인적인 성장을 이루셨고 누림과 평강 가운데 사셨습니다.

한편, 크리스 오야킬로메 목사님은 같은 메시지를 사역에 잘 적용하고 있는 분이십니다. 당시 저희는 개인적인 삶에 대해서는 멘토가 있었지만 사역자로서 이런 말씀을 가지고 사역에 잘 적용해서 먼저 열매를 거둔 사역의 모델이 필요했는데,

그때 하나님께서 만나게 해 주신 분이 크리스 오야킬로메 목사님이었습니다. 저희는 오야킬로메 목사님께 배우려고 아프리카로 가게 되었습니다. 처음 남아공에 가서 오야킬로메 목사님의 사역을 접하게 되었을 때는 모든 것이 너무나 생소했습니다. 저는 미국에서 은혜를 받았기 때문에 미국 기독교나 한국 기독교에 익숙해 있었습니다. 그런데 아프리카에 가 보니 그곳은 너무나 달랐습니다. 목사님을 너무 우상화하는 것 같은 말이나 사역들을 볼 때 모든 것이 너무 생소해서 '이러다가 잘못되는 것은 아닐까?' 하는 생각이 들기도 했습니다. 물론 저의 제한된 계시 지식으로 판단했을 때 너무 생소했던 것들의 대부분은 그 후 성경적으로 이해하게 되었습니다. 그렇게 많은 의심 가운데도 한 가지 분명히 알았던 것은 하나님께서 저를 그곳에 보내셨다는 것과 그곳을 통해 제게 주실 은혜가 분명히 예비되어 있다는 것이었습니다.

그래서 처음에 거스르는 것이 너무 많았지만 하나님께서 그곳에 예비해 놓으신 은혜를 취하려고 모든 부정적인 생각들을 거절하며 하나님의 말씀을 따라 변화하려고 노력했습니다. 그리고 그런 결단은 제게 상상할 수 없는 축복을 가져다 주었습니다. 한국 교회의 전통에 가려져 보이지 않던 여러 가지 문제들을 발견하고 교정하는 축복을 얻게 되었습니다. 여러분 중에는 "새로운 피조물"에 대한 계시가 생소한 분도 있을 것입니다. 그러나 확실한 것은, 하나님께서는 우리가 전진하기를 기대하신다는 것입니다. 성경이 칭찬했던 베뢰아 사람들처럼 알고 있던 지식의 한계를 내려놓고 성경을 상고해 보고 더 좋은 것을 취하는 축복된 기회를 잡으시길 기원합니다.

베뢰아 사람들은 데살로니가 사람들보다 더 고상하여서 전심으로 말씀을 받아들이고, 이 말씀이 그런가 하여 매일 성경을 상고하므로 (행 17:11)

우리는 전진해야 합니다. 뒤로 물러서서는 더욱 안 되고, 제자리 걸음을 해서도 안 됩니다. 앞으로 전진해야 합니다. 전진한다는 것은 변화하는 것이고, 그러려면 생각도 변하고 태도도 변하고 모든 것이 변해야 합니다. 그렇게 할 때 하나님께서 우리를 훈련하여 생산적인 사람으로 또 효과적인 사역을 하는 사람으로 만드시는 축복을 온전하게 누리게 될 것입니다.

제가 미국에 가서 보니, 미국으로 이민 온 사람들 중에는 한국에서 공부도 많이 해서 박사 학위를 가지고 온 분들도 있고 육체 노동을 하던 상태에 있다가 온 분들도 있는데, 그들의 삶을 보면서 한 가지 발견한 것이 있습니다. 미국에 와서 적응을 잘 하고 살아가는 분들은 빨리 한국의 것을 버린 분들이었습니다. 그들은 한국에 있던 것은 다 잊어 버리고 한국에서 무엇을 했던 상관없이 처음부터 다시 시작한다는 마음으로 청소도 하고, 청소해서 조금 돈을 벌면 야채 가게도 내고, 야채 가게를 해서 돈을 벌면 또 다음 사업으로 발전시켰습니다. 그렇게 하는 사람들은 대부분 점점 비즈니스가 발전해서 나중에는 호텔을 경영하기까지 발전을 합니다.

반면에 '내가 한국에서 어떤 사람이었는데 여기 와서 그런 일을 하겠어!' 라는 태도로 있는 사람들은 변화를 받아들이지 않기 때문에 결국 빨리 적응하지 못하고 정착하는데 오랜 시간이 걸립니다.

이제 새로운 놀라운 축복 가운데로 하나님께서 여러분을 인도하셨습니다. 우리가 몇 가지에 대해 새롭게 말씀을 접하면서 지금까지 알던 것과 다른 아주 생소한 것을 접할 때 그것을 정확하게 이해하지 못하면 자꾸 부딪히게 됩니다. '과거에 내가 배운 것은 그렇지 않았는데 그럼 내가 지금까지 배운 것이 다 틀렸다는 것인가?' 하는 생각이 자꾸 들게 될 수도 있습니다. 그러나 과거의 것이 틀렸다는 말이 아닙니다. 틀린 것이 아니라 발전해 가는 것입니다. 네 살 된 어린아이가 한 행동을 보고 틀렸다고 말하지 않습니다. 그러나 네 살이 지나면 네 살의 것을 벗고 점점 성장해서 열 살이 되면 열 살의 모습이 나타날 것입니다. 또 열 살의 아이가 열 살의 모습으로 살아가는 것을 보고 틀렸다고 하지 않습니다. 발전한다면 분명히 열 살의 모습을 벗을 것입니다. 그래서 우리에게 새로운 지식이 전달되면 그 지식으로 말미암아 우리의 삶이 점점 전진하는 것입니다. 점점 더 높은 차원으로 올라간다고 생각하시면 되겠습니다. 과거의 것이 틀렸다는 것이 전혀 아닙니다. 그리고 지금도 여전히 그렇게 살고 있는 사람들에게 틀렸다고 말하는 것이 아닙니다. 그분들은 자기 수준에서 최선을 다하여 살아가고 있는 것이므로 그것을 존중하지만, 이것이 나에게 온 기회라면 나는 더 좋은 것을 선택해야 되겠다는 것이 우리의 태도여야 합니다. 이런 부분에서 몇 가지 교정이 일어날 것입니다.

하나님께서는 우리가 이 땅에서 탁월하게 기능할 수 있도록 모든 것을 주셨고, 그것은 영적인 영역에서 이미 이루어진 일입니다. 그러나 그것을 자연적인 영역에 나타내는 것은 우리를 통해서만 할 수 있습니다. 즉 우리가 그 중간에 끼어서 고리 역할을 하는 것입니다. 우리는 영적인 영역의 진리를 알고 그것으로 자연적인 영역을 변화시킵니다. 사람들이 우리의 삶을 볼 때 하나님 나라를 볼 수 있어야 하는 것이 정상이고 그것이 하나님께서 기대하시는 바입니다.

저도 한국 교회나 미국 교회의 전통을 따라서 신앙생활을 하면서 많은 것을 놓치고 살았다는 것을 알았습니다. 어느 순간 말씀에서 전에 알지 못했던 계시들이 자꾸 발견되고 새로운 말씀의 계시가 들어올 때마다 '어떻게 이것을 몰랐을까? 성경에 이렇게 분명하게 써 있는데…' 라고 생각하며 그동안 우리가 단체로 속았다는 것이 정말 안타까웠습니다. 한두 사람이 속은 것이 아니고 나름대로 잘 해보려고 애썼는데 단체로 속은 것이었습니다. 너 나 할 것 없이 속으니, 속는 줄도 모르고 속았던 것입니다. 그것을 발견하면서 '이제는 우리가 속은 것을 알았으니까 말씀을 따라 바른 것을 붙잡고 능력 있는 삶을 살아가야 되겠다.' 고 결심하고 제 생각을 말씀에 따라 변화하기로 작정하고는 끊임없이 말씀을 따라 변화하였습니다. 그래서 저는 인생이 너무 행복해졌습니다. 제 삶이 전진하고 자유롭고 어떤 것도 염려하거나 두려워하지 않으며 살아가는 것은 물론이고, 제가 만나는 사람들이 변화했기 때문입니다. 말씀은 우리의 삶을 변화시키는 도구입니다. 정확한 복음을 소유한 자로 기능하며 하나님 안에서 성장하는 것이 하나님께서 우리를 향해 갖고 계시는 기대이며 열망입니다. 예전에 저는 성경 공부를 열심히 해서 성경에 대한 지식은 있는데 삶은 그에 비해 그렇게 많이 변화되지 않은 삶을 살았다는 것을 인정할 수밖에 없었습니다. 그것을 인정하면서 제가 최근에 더 많이 느끼는 것은, 하나님께서 말씀을 보내신 이유가 우리의 삶을 변화시키기 위해서 라는 것입니다.

하나님은 우리 삶에 관심이 있으십니다. 그분이 또한 우리의 지식에 관심이 있으신 것은 그 지식이 우리의 삶을 변화시킬 수 있기 때문입니다. 그러나 하나님께서는 지식만을 주시려고 우리에게 말씀을 주신 것이 아닙니다. 그 말씀은 우리의 지식이 되어 반드시 삶과 연결되어야 합니다. 저를 포함해서 너무나 많은 그리스도인들이 지식은 많이 있는데 그것이 삶과 연결되는 부분이 너무 약합니다. 하나님이 말씀을 이 세상에 보내신 이유는 바로 우리의 삶을 변화시키기 위해서 입니다. 말씀을 들었다면, 그 말씀이 내 생각을 변화시켜야 하고, 내 말을 변화시켜야 하며, 말씀이 말하는 분야의 삶을 변화시켜야 합니다. 우리가 이렇게 말씀으로 변화될 때 누구라도 놀라운 진보를 할 수 있고 어떤 문제에서도 빠져 나올 수 있는 것입니다.

저는 어떤 사람을 개인적으로 양육할 때 항상

같은 메시지를 사용합니다. 그 사람이 정신문제가 있는 사람이든 아니면 다른 육체의 문제가 있는 사람이든 저는 같은 말씀을 사용하며, 혹은 관계에 문제가 있어서 가정이 힘든 상황에 있는 사람이어도 저는 같은 메시지를 사용합니다. 하나님께서는 우리가 어떤 분야를 어떻게 세워야 될지를 말씀 안에 정확히 알려주셨기 때문에 저는 어떤 분야든지 하나님의 말씀을 따라 세우기만 하면 그 분야에서 행복한 삶을 살 수 있다고 확신합니다. 그러므로 제가 해 줄 수 있는 일은 생각을 바꾸어 주는 것입니다. 만나서 일대일로 말씀을 가르치고 생각을 바꾸도록 고백기도를 하게 하는 과정을 통해 그가 서서히 생각을 바꾸게 되면, 누구라도 자신의 문제에서 다른 사람이 꺼내줄 필요 없이 본인이 그리스도 예수 안에 있는 하나님 자녀의 권세를 사용하여 어떤 삶이나 어떤 어려운 환경 가운데서도 스스로 빠져나와 승리하는 삶을 살 수 있습니다. 그것이 하나님께서 우리에게 주신 복음입니다. 예수님을 영접하기만 하면 그 사람은 이제 멸망과는 상관이 없어지는 것입니다. 우리가 잘 아는 요한복음 3장 16절은 말씀합니다.

하나님께서 세상을 이처럼 사랑하셔서 그의 독생자를 주셨으니, 이는 그를 믿는 사람은 누구든지 멸망하지 않고 영생을 얻게 하려 하심이라. (요 3:16)

하나님께서는 예수님을 보내심으로 인간의 모든 문제를 완벽하게 해결하셨습니다. 예수님을 받아들였다면, 인간이 가지고 있는 모든 문제에 대한 해답을 이미 받은 것입니다. 이제 그것을 인식하고 찾는 것이 우리가 해야 할 일입니다.

영으로 기능하기

우리가 말씀을 따라 새로운 지식으로 무장하고 그 지식에 따라 기능하는 것을 "영으로 기능한다"고 표현합니다. 우리 그리스도인은 두 영역에 걸쳐 삽니다. 하나는 영적인 영역이고 또 하나는 자연적인 영역입니다. 눈에 보이는 것은 자연적인 영역입니다. 자연적인 영역에서는 의사가 "당신은 이제 얼마 이상 살 수가 없습니다."라고 시한부 선고를 내렸을 수도 있습니다.

자연적인 영역의 일들이 그 원리를 따라 돌아갈 때 그런 말을 들었다 하더라도 그 사람이 영적인 원리 안으로 들어온다면 이야기는 달라집니다. 그렇게 우리가 두 영역에서 걸쳐 사는 것입니다.

영적인 영역은 자연적인 영역보다 더 상위 법칙입니다. 영적인 영역은 말씀의 원리, 믿음의 원리 그리고 영의 원리로 돌아가는 세계입니다. 자연적인 영역은 우리가 오감으로 느낄 수 있는 모든 것, 즉 듣고 보고 느끼는 그런 세계입니다. 우리는 이 두 세계에 걸쳐서 살고 있는데, 비록 사는 곳은 거듭나기 전과 마찬가지로 자연적인 영역이지만 우리가 속해 있는 곳은 영적인 영역입니다. 자연적인 영역에 영적인 영역의 원리를 끌어와 영적인 원리가 돌아가게 하면 자연적인 영역에서 초자연적인 역사가 일어나는 것입니다. 이렇게 사는 것을 "영으로 기능한다"고 표현합니다.

영으로 기능한다는 것은 말씀으로 기능하는 것입니다. 왜냐하면 우리가 그리스도인으로 거듭났을 때 그리스도 예수 안에 있는 우리에게 새로운 생명과 능력과 권세가 주어졌기 때문입니다. 하나님의 말씀, 즉 그리스도 안에서 내가 누구이고 무엇을 가지고 있으며 무엇을 할 수 있는지를 알고 하나님의 말씀으로 기능하며 믿음으로 사는 것이 바로 영으로 기능하는 것입니다. 영으로 기능할 때만 그리스도인은 승리가 보장되어 있습니다. 영으로 기능하는 것이 승리의 조건입니다. 믿음으로 살 때만 승리가 보장되어 있습니다.

이는 하나님께로부터 태어난 자는 누구든지 세상을 이기기 때문이라. 세상을 이기는 승리는 이것이니, 곧 우리의 믿음이라. (요일 5:4)

제가 만난 그리스도인들 중 여럿은 신앙생활을 수십 년 하고도 한 번도 믿음으로 살아보지 못한 사람들이었습니다. 말씀을 알고 교회도 열심히 다니고 기도도 열심히 하고 무엇이든 열심히 하는데 믿음으로 하는 선택은 한 번도 해본 적이 없다면 그 사람은 자연적인 영역에만 사는 것입니다. 그들은 '내가 열심히 하니까 하나님이 무엇인가 알아서 해 주시지 않을까?' 라는 식으로 접근하는 사람들입니다. 그런데 반대로 어떤 상황이 벌어질 때 믿음으로 기능하고 하나님의 말씀으로 기능하는 사람들이 있습니다.

예를 들어 어떤 사람이 다쳤습니다. 당연히 자연적인 영역에서는 의사의 말을 따라야 합니다. 의사는 자연적인 영역의 치유 분야에서 최고의 권위자이며 그의 말은 최고의 권위를 가지고 있으므로 그 말을 따르는 것은 자연적인 영역에서 당연히 할 수 있는 일입니다. 그러나 그 사람이 자기 안에 의사보다 더 높은 권위의 하나님 말씀을 가지고 있다면, 그는 자연적인 것을 선택할 수도 있고 영적인 것을 선택할 수도 있습니다. 어떤 것을 선택하는 것이 잘못됐다는 이야기가 아닙니다. 우리는 얼마든지 자연적인 영역의 것도 선택할 수 있습니다. 그러나 믿음으로 살지 않는 사람은 나중에 믿음이 꼭 필요한 상황이 올 때 훈련하지 않았기 때문에 믿음을 발휘하기가 더욱 어려울 것입니다. 그래서 치유에 있어서도 작은 문제가 있을 때부터 치유를 경험하기 시작해야 합니다.

저도 예수님을 믿기 전에 여러 가지 질병을 가지고 있었는데 말씀을 제대로 알게 되고 우리가 나누는 말씀으로 치유에 대한 지식을 받게 되자, 제가 가지고 있던 만성적인 질병에서 빠져 나오기 시작했습니다. 누가 기도해 준 것이 아닙니다. 예수님이 채찍에 맞음으로 내 질병에 대한 값이 이미 치러졌기 때문에 내가 아플 필요가 없다는 것을 깨닫고 그 질병으로부터 스스로 걸어 나온 것입니다. 몸이 약하고 늘 어디가 아파서 이렇게 주저 앉아 있는 상태를 당연하게 생각하다가 어느 순간에 그리스도 안에 있는 내가 이렇게 살 필요가 없다는 것을 발견하고는 그 길로 선택해서 걸어 나온 것입니다. 그런 일들이 우리 삶

가운데 지속적으로 일어날 것입니다.

성경의 세 가지 접근을 여러분이 잘 이해한다면 우리가 하는 말을 훨씬 더 이해하기가 쉬울 것입니다. 성경에는 세 가지 접근 방법이 있습니다.

율법적인 접근

구약에서는 율법을 지키면 하나님의 복 가운데로 들어가고 율법을 지키지 않으면 저주 가운데로 선택해서 들어가게 됩니다. 하나님께서 저주하시는 것이 아닙니다. 하나님께서는 이미 선택권을 주셨습니다. 이 율법을 지키면 너는 이런 축복을 받게 될 것이고, 이 율법을 안 지키면 이런 저주를 받게 될 것이라고 말입니다.

하나님께서는 율법을 주셨고 사람들이 각자 그것을 선택하는 것입니다. 순간순간 선택함으로 율법을 잘 지키면 하나님이 만드신 축복 가운데로 들어가고, 유혹을 받아 하나님께서 가지 말라는 길을 가게 되면 결국은 하나님이 말씀하신 저주 가운데로 들어가게 되는 것입니다. 이것은 본인의 선택입니다. 그런데 구약에서는 이것을 "하나님께서 저주하셨다"라는 표현으로 말하기도 합니다. 그러나 정확히 말하자면, 하나님께서 일부러 저주하신 것이 아니라 복과 저주 중에 본인이 저주를 선택하여 그 결과로 저주를 받은 것입니다.

이 세상의 종교적인 모든 접근들이 이렇게 접근합니다. 굉장히 능력 있고 생사화복을 주관하시는 어떤 신적 존재가 있는데, 내가 그에게

정성을 다하고 열심을 다해서 좋게 보이면 내게 더 좋은 것을 줄 것이라고 믿는 것입니다. 그것이 우리가 특별히 배우지 않아도 자연스럽게 어려서부터 보아 온 접근입니다. 예수님을 영접하고 하나님 나라에 들어와서도 무엇인가 내가 하나님께서 원하시는 일을 함으로써 복 가운데로 들어가야만 복을 받을 수 있다고 하는 것이 바로 율법적인 접근입니다. 이것은 구약에 많이 나와 있는 접근입니다.

십자가의 완성으로의 접근

하나님께서는 율법적인 접근의 한계를 아셨기에 예수님을 보내셨습니다. 그분은 예수님을 보내셔서 십자가에서 율법의 한계를 모두 극복하는 다른 길을 주셨는데, 그것은 바로 예수 그리스도라는 길입니다. 예수님이 십자가에서 우리의 모든 저주를 감당하셨습니다. 그래서 우리는 이제 더 이상 율법적으로 접근할 이유가 없어졌고, 예수 그리스도를 믿는다면 모든 저주를 감당하신 그분의 혜택 안에서 살게 되는 것입니다. 첫 번째 접근이 율법적인 접근이라면 두 번째 접근은 십자가의 완성으로의 접근입니다. 여기서 필요한 것은 믿음뿐입니다. 하나님께서 내 치유를 위해서 값을 치르셨으므로 나는 믿음으로 그 치유를 취하기만 하면 된다는 것이 바로 십자가의 완성으로 접근하는 것입니다. 믿음의 말씀은 이것을 근거로 합니다. "예수님께서 채찍에 맞으심으로 네가 나았다." 믿음으로 예수님께서 이미 하신 일을 적용해 그 혜택을 누리는 것입니다. "예수님께서 가난하게 되신 것은 너를 부요하게 하기 위해서 이므로 너는 부요할 권리가 있다. 그러므로 네가 네 믿음으로 그 부요를 차지해라!" 이것이 바로 두 번째 접근입니다.

새로운 피조물로서의 접근

그런데 성경은 그 접근에서 끝나지 않습니다. 한 가지 접근이 더 있는데, 그것은 사도 바울의 계시로 부활의 지점에서 접근하는 것입니다. 즉 새로운 피조물로서의 접근입니다.

그러므로 누구든지 그리스도 안에 있으면 새로운 피조물이라 옛 것들은 지나갔으니 보라, 모든 것이 새롭게 되었도다. (고후 5:17)

예수께서는 우리의 범죄함을 인하여 드려지셨고, 우리의 의롭게 하심을 위하여 다시 일으켜지셨느니라. (롬 4:25)

"새로운 피조물로서의 접근"과 "십자가의 완성으로의 접근"의 차이점은, "십자가의 완성으로의 접근"은 예수님이 다 하신 것을 믿고 내가 그것을 차지할 권세가 있다는 것을 알지만 여전히 나는 변하지 않았고, 예수님이 하신 일에 근거하는 것이지 내 자체가 변한 것은 인지하지 못하는 상태입니다. 그러나 "새로운 피조물로서의 접근"은 내가 거듭날 때 새롭게 태어나서 새로운 본성을 갖게 되었다는 것을 알고 접근하는 것으로, 나의 새로운 본성을 인식하고 살아가는 것입니다.

본성대로 살아가는 것은 본성을 잘 이해하기만 한다면 어려운 일이 아닙니다. 고양이나 호랑이나 어릴 때는 아주 비슷하지만 시간이 지날수록 호랑이는 호랑이다워지고 고양이는 고양이다워집니다. 성장할수록 자기 본성이 강하게 나타나게 됩니다. 십자가의 완성으로의 접근에서 우리는 예수님이 우리를 위해 하신 일에 대해 잘 압니다. 십자가의 완성을 이해하고 믿음으로 사는 삶에 대해 우리는 잘 이해해 왔습니다. 그러나 우리가 그동안 "새로운 피조물로서의 접근"이 상당히 약했던 것을 인정할 수밖에 없습니다.

새로운 피조물로서의 접근은 죄의 본성을 가지고 있던 예전의 나로서는 한계가 있기 때문에 하나님께서 나를 의의 새로운 본성을 가진 자로 다시 태어나게 하셨다는 것을 이해하는 것에서 시작합니다. 우리가 예수님을 영접하고 거듭났다고 표현할 때 그것은 새로 태어났다는 말입니다. 그리고 새로 태어났다는 말은 바로 의의 새로운 본성으로 새롭게 일어났다는 의미입니다. 새로운 피조물로서 새로운 본성을 가지고 일어났다는 접근이 바로 우리가 하는 접근입니다.

만약 우리가 율법으로 접근한다면 새로운 피조물로 접근하는 것의 결과를 나타내며 살 수 없습니다. 십자가의 완성으로 접근하기 시작해도 마찬가지입니다. 들어가는 길이 다른 것입니다. 그래서 우리가 지금까지 율법으로 접근하는 삶을

살았다면 거기서 빠져 나와 다시 새로운 피조물의 접근으로 들어가야 합니다. 그리고 그동안은 십자가의 완성만을 이해하고 살아도 믿음으로 상당히 능력 있는 그리스도인의 삶을 살 수가 있었습니다. 그러나 이것은 여전히 믿음을 발휘해야 하고 믿음으로 애써야 되는 상태입니다. 그런데 한 단계 더 전진해서 부활, 즉 새로운 피조물로서 새롭게 접근하기 시작하면 신앙생활과 영으로 기능하는 것이 훨씬 쉬워집니다. 그래서 우리가 새로운 피조물로 접근하는 것입니다.

성경을 보면서 우리는 그동안 십자가에 대해서는 너무나 잘 알고 있지만 부활에 대해서는 알면서도 잘 인식하지 못하는 경우가 많았습니다. 그러나 하나님의 관점에서는 십자가와 부활이 한

세트입니다. 우리는 예수님이 죽으시고 지옥에 내려가셨다가 삼 일 만에 부활하셔서 하나님 보좌 우편에 앉으셨다는 것을 이야기합니다. 죽으시고 부활하시고 하나님 보좌 우편에 앉으시기까지가 한 세트입니다. 우리가 십자가까지는 잘 알았지만 이 부활에 따라오는 거듭남에 대해서는 상당히 약했던 것입니다. 그래서 지금은 거듭남에 대한 이해를 강화시켜야 할 때입니다.

하나님께서 왜 그렇게 하셨을까요? 십자가에서 죽으신 것으로 우리의 죄 문제를 이미 다 해결하셨는데 왜 부활과 함께 새로운 피조물로 일으키셨을까요? 왜 우리를 예수님과 함께 하나님 보좌 우편에 앉히셨을까요? 그것은 우리가 이 땅에서 권세를 가지고 능력 있게 살기를 원하셨기 때문입니다. 하나님께서 원하셨던 이 능력의 삶은 바로 우리가 "새로운 피조물로서의 접근"을 이해할 때 자연스러워집니다. 이제는 우리가 새로운 피조물로 접근한다는 것을 계속 인식해야 되겠습니다. 처음에는 그때그때 필요할 때마다 '새로운 피조물로 접근해야 되겠다' 라고 생각하며 훈련하는 것이 필요하고, 시간이 지나면 생각하지 않아도 새로운 피조물로 접근하는 것이 자연스럽게 됩니다.

저희 교회(그리스도의 대사들 교회)는 개척할 때부터 십자가의 완성으로 접근하기 시작해서 믿음으로 사는 삶을 가르쳤습니다. 사람들이 거의 다 자연스럽게 방언으로 기도하며 믿음으로 살아가는 것을 추구해 왔습니다. 그리고 이후에 전진해서 새로운 피조물로 접근하는 것을 가르치기 시작했습니다. 그런데 놀라운 것은 그때의 성도들보다 최근에 교회에서 새롭게 예수님을 믿은 사람들이 변화하는 속도가 훨씬 빠르다는 것입니다. 새로운 피조물로 기능하는 것을 가르치면 교회 안에서 놀랍게 변화하는데 세월이 오래 걸리지 않습니다. 개인차는 있지만 너무나 빨리 변화되어서 셀리더가 되고 팀장이 되는 분들을 종종 볼 수 있습니다. 자기 삶이 되어지니 다른 사람의 삶을 도와줄 수 있게 되는 것입니다. 저도 이전에는 십자가의 완성으로 시작했었습니다. 정확히 가르쳐주는 사람이 없었기에 저는 케네스 해긴 목사님의 책을 보면서 그렇게 시작했습니다. '아, 그렇구나! 예수님이 채찍에 맞음으로 내가 나았어! 그래서 내가 아플 필요가 없구나!' 하고 어느 날 믿음을 발휘하여 질병에서 걸어 나오게 되었을 뿐만 아니라 '아, 내가 가난할 필요가 없는 것이었어! 지금 당장은 주머니에 돈이 없지만 내가 가난할 필요가 없다는 것을 나는 확실히 알아!' 라고 생각하면서 하나님의 공급하심을 경험하고 살기 시작했습니다. 그렇게 열심히 노력하며 10년쯤 신앙생활을 하고 나서 어느 날 보니, 신앙 안에서 담대하고 기도하면 응답 받는 그런 자리에 있었습니다. 새로운 피조물로 접근하는 것을 배우고 나면 저처럼 10년의 세월을 애쓰고 힘쓰지 않아도 말씀이 실재가 되는 삶을 살 수 있습니다. 어려운 일이 아닙니다.

사도 바울이 했던 접근이 바로 이 새로운 피조물의 접근입니다. 만약 새로운 피조물에 대한 계시가 없이 성경을 읽다 보면 사도 바울의 서신 중에 몇 군데 해석이 안 되는 구절이 나오게 됩니다. 한국말이니 모르는 것도 아닌데 무슨 뜻인지 모르고 그냥 넘어갈 수밖에 없는 구절이 있게 됩니다. 그러나 새로운 피조물에 대한 계시가 있게 되면 그게 무슨 말인지 이해가 됩니다. 이렇게 하나님께서는 새로운 피조물들이 일어나서 그리스도의 몸 된 모든 지체에 속한 성도들을 통해 예수님이 이 땅에서 하시던 일을 지속하길 원하셨던 것입니다.

한 사람의 범죄로 말미암아 사망이 그 한 사람으로 인하여 군림하였다면, 더욱더 은혜의 풍성함과 의의 선물을 넘치도록 받는 사람들이 한 사람 예수 그리스도로 인하여 생명 안에서 군림 할 것이니라. (롬 5:17)

그렇습니다. 하나님께서 그런 꿈을 꾸셨습니다. 2000년 전 유대 땅에서는 예수님이 하나님을 나타내는 유일한 분이셨다면, 지금 이 땅에서는 그리스도인인 우리가 이 시대에 하나님을 나타내는 증인들입니다. 그래서 우리는 이 땅에서 상황들을 다스리는 증인들로 살아가야 합니다.

세 가지 접근에 대한 정리

첫 번째, 율법적인 접근은 예를 들어 치유나 부요를 말할 때 "하나님께서 나를 고쳐 주실 거야. 어떻게 이루어질지는 알 수 없지만 내가 이렇게 헌신하고 열심히 교회에서 예배 드리고 섬기고 있으니까 하나님께서 날 고쳐 주실 거야. 그리고 하나님이 나를 부요케 하실 수 있어."라고 접근합니다.

두 번째, 십자가의 완성으로의 접근은 "하나님께서 예수님을 채찍에 맞게 하심으로 말미암아 내 모든 치유에 대한 값이 치러졌기 때문에 나는 아플 필요가 없고, 내가 아플 때 나는 예수 그리스도께서 채찍에 맞으심으로 내가 나았다!"고 말씀을 선포하며 믿음으로 치유를 취함으로 아픈 곳에서 빠져 나옵니다. 또한 "나는 가난할 필요가 없다. 예수님이 부요하신 분이시지만 우리를 위하여 대신 가난하게 되셨기 때문에 내 가난의 값은 이미 치러졌다. 나는 더 이상 가난할 필요가 없고 실패할 필요가 없다."라고 접근합니다.

마지막으로, 십자가의 완성에서 한 단계 더 나아가서 새로운 피조물로서 접근하는 것은 부활 안에서의 새로운 피조물, 즉 "나는 새로운 본성을 갖고 일어났기 때문에 신성한 건강으로 산다. 나는 부요한 자이다. 나는 하는 일마다 승리한다." 고 인식하는 것입니다. 이것이 하나님이 꿈꾸던 하나님의 자녀들의 모습입니다. 예수님이 이 땅을 완전히 다스리고 사셨듯이 우리도 똑같은 하나님의 자녀로서 이렇게 우리 각자의 삶을 다스리고 살기를 하나님께서 기대하십니다. 그리고 그 일은 이미 이루어졌기 때문에 가능합니다.

말씀을 순종하는 것 vs 말씀으로 행하는 것

말씀을 순종하는 것과 말씀으로 행하는 것은 같은 것 같지만 차이가 있습니다. 말씀을 순종하는 것은 밖의 행동을 말하는 것입니다. 예를 들면, 율법이 "너는 도둑질 하지 말라!" 고 말하고 있기 때문에 죄의 본성을 가진 구약 시대 사람들이 율법을 범하고 싶은 마음이 있고 남의 물건을 훔치고 싶은 욕망이 마음에서 들끓어도 행동을 억지로 제어해서 말씀에 순종하는 것입니다. 말씀에 순종한다는 것은 밖의 행동에 대한 지시입니다.

그런데 야고보 사도는 이렇게 말했습니다. "너희는 말씀을 듣기만 하지 말고 행하는 자가 되라." 말씀을 듣는 데서 끝내지 말고 행하는 데까지 가라는 말이기도 하지만 "말씀에 순종하라" 고 표현하지 않고 "말씀을 행하는 자가 되라" 고 표현했습니다. 속이 어떻든지 간에 밖의 행동이 주님의 말씀을 따라가는 것을 순종한다고 말하는 반면, 말씀을 행하는 것은 안으로부터 시작해서 밖으로 나타내는 것을 말합니다. 거듭난 우리 안에 있는 본성으로부터 시작해서 그 본성이 밖으로 나타날 때 그것을 말씀을 행한다고 표현합니다. 말씀에 순종한다는 것은 밖의 행동만 다루면 되는 것이고, 말씀을 행한다는 것은 말씀이 내 안에 들어와서 내 속사람으로부터 시작해 그 본성이 활성화되어 밖의 행동으로 나타나게 하는 것이라고 이해하면 되겠습니다.

말씀에 순종하는 것은 구약의 성도들도 할 수 있는 것입니다. 구약의 성도들은 죄의 본성을 가진 이스라엘 사람들이었고, 비록 하나님의 말씀을 알고 있었다 하더라도 그들은 본성이 거듭난 자들이 아닙니다. 그들은 죄의 본성을 가지고 있었습니다. 우리가 새로운 피조물을 이야기하면서 이런 본성을 잘 이해하게 하기 위해 사람 모양으로 표현할 때, 죄의 본성이 있는 거듭나지 않은 사람은 까만 사람으로, 거듭난 사람은 본질적으로 의의 본성을 가지고 있어 노란 사람으로 표현합니다. 이렇게 본질적으로 확연하게 차이가 있습니다. 구약의 사람들은 하나님을 믿은 사람들이었다 하더라도 죄의 본성을 그대로 가지고 있어 까만 사람들입니다. 까만 사람들이 말씀을 받았습니다. 그래서 하나님의 말씀인 율법이 그들의 행동을 제어하는 작용을 했습니다. "네가 남의 물건을 훔치면 상황에 따라 몇 배로 갚아야 된다. 네가 남을 죽이면 너도 죽게 된다."라고 말입니다. 본성은 어쩔 수 없기 때문에 본성을 다루어 준 것이 아니라 밖의 행동을 다루어 준 것입니다. 그래서 본성이라는 것이 얼마나 중요한지를 우리가 잘 이해해야 합니다.

본성이라는 것은 개와 늑대가 아주 어릴 때에는 별로 차이가 없어 보입니다. 그런데 늑대는 야생의 본성을 가지고 있고 개는 하나님께서 원래 사람 주변에 살도록 만드신 굉장히 충성스럽고 친절한 동물입니다. 생긴 것은 비슷하지만 본성이 다릅니다. 만일 우리가 늑대를 개와 같이 집에서 키운다면 어릴 때는 강아지와 별 차이가 없겠지만 자라면서 본성이 나타나 언젠가는 이웃집 병아리를 잡아먹게 될 것입니다. 늑대가 밖에 나가서 남의 집 병아리를 잡아먹을 때 배가 고파서 그런가 보다 하고 매일같이 고기를 배불리 먹도록 준다 해도, 시간이 지남에 따라 자랄수록 본성이 강해지고 점점 나타나게 되어서 결국에는 다시 이웃집 병아리를 잡아먹을 수밖에 없습니다. 배가 고파서가 아니라 본성이 그런 것입니다. 본성은 성장할수록 더 나타나게 됩니다. 구약의 성도들은 죄의 본성을 가지고 있었습니다. 그렇기 때문에 하나님께서는 그들의 행동을 제어하는 작업이 필요했던 것입니다. 자기 마음대로 죄의 본성대로 살아가게 두면 사회가 엉망진창이 될 것이기 때문입니다. 야생의 본성이 강한 늑대를 집에서 키우면서 문제를 안 일으키고 잘 데리고 살 수 있는 방법은 묶어 놓는 것입니다. 사슬로 묶어 놓아서 아무데도 못 가게 제어하면 됩니다. 그렇게 하면 큰 문제없이 데리고 살 수 있을 것입니다. 바로 구약의 율법은 죄의 본성을 가진 사람들에게

쇠사슬과 같은 역할을 하는 하나님의 제어하는 작업이었습니다. 그들의 본성을 바꿀 수 없기 때문입니다.

그러나 신약에 오게 되면, 우리는 거듭날 때 의의 본성으로 다시 태어나 본성이 달라졌기 때문에 이제는 사슬로 우리를 묶을 필요가 없습니다. 우리는 안에 있는 의의 본성을 활성화해서 밖으로 나타냅니다. 본성은 성장할수록 점점 강하게 나타나므로, 그리스도 예수 안에서 우리가 어떤 존재이며 무엇을 가지고 있고 무엇을 할 수 있는지를 말씀을 통해 보고 인식할 때 우리는 성장할수록 점점 그런 행동이 나오게 되는 것입니다. 그래서 우리는 죄에 대해 강조해서 말하지 않습니다. "죄를 지으면 안 됩니다. 죄를 지으면 하나님께서 싫어하십니다. 그러면 되는 일이 없습니다. 저주 받습니다."라고 이야기하지 않습니다. 그것은 맞는 말이지만, 그렇게 해서 죄를 안 짓게 되는 것은 한계가 있기 때문입니다. 그것은 구약의 접근입니다. "네가 남을 죽이면 너도 죽어. 그러니까 절대로 남을 죽이지 마라."라고 할 때 자기가 살기 위해서 다른 사람을 죽이고 싶은 마음을 제어해야 합니다. 그런 선택을 할 수밖에 없습니다.

그런데 이제 신약에 오게 되면, 우리는 그리스도인 안에 무엇이 있는지를 말합니다. "너는 의로운 본성을 가지고 있어. 죄가 너를 주관할 수 없어. 의의 본성이 네 안에 있잖아."라고 말입니다. 밖으로는 지금 죄를 짓고 있더라도 "네 안에는 바로 지금 죄를 짓지 않는 의인의 본성이 있어! 너는 의의 본성을 가지고 있어!"라고 말씀이 우리에게 말하는 바를 받아들이고 인식하게 됩니다. 그러면 '내게 의의 본성이 있구나! 그러니까 나의 이런 행동은 합당하지 않은데 내가 왜 아직도 이런 행동을 할까? 이상하네.' 하고 생각하며 얼른 회개하고 돌이킵니다. 그리고 말씀을 또 들여다보며 '나는 의인이야! 나는 바른 일을 할 수 있어!' 라고 인식하며 성장할수록 점점 의의 본성에 합당한 행동을 하게 됩니다. 말씀으로 행하는 것은 거듭난 그리스도인이 의의 본성을 가지고 의인답게 생각하고 말하고 행동하는 것으로, 안에 있는 의의 본성을 통해 밖으로 의의 행동을 나타내는 것을 말합니다.

거울 원리

항상 우리는 안으로부터 밖으로 나오는 것을 기대합니다. 밖에 있는 것을 제어하려고 하지 않습니다. 그리스도인 안에는 예수 그리스도 안에서 거듭날 때 받은 아름다운 보물들이 있기 때문에 안에 무엇이 있는지를 잘 인식하고 들여다보고 말함으로써 그것이 자연스럽게 밖으로 나타나게 하면 됩니다. 그것이 바로 우리가 말하는 거울 원리입니다.

그러나 수건을 벗은 얼굴로 보는 것같이 주의 영광을 유리를 통해 보는 우리 모두는 주의 영으로 말미암은 것같이 영광에서 영광에 이르는 똑같은 형상으로 변모되느니라. (고후 3:18)

고린도후서 3장에서 사도 바울은 "너희는 그리스도의 편지이다. 우리가 그리스도의 편지이고 너희도 그리스도의 편지이다. 그런데 이것이 편지는 편지인데 종이에다 먹으로 쓴 것이 아니라 너희 심령에 쓴 편지이다."라고 말합니다. 또한 "어떤 놀라운 일이 일어나도 그것은 우리에게서 나온 것이 아니고, 내 안에 계신 그분의 능력으로 말미암은 것이다."라고 말합니다. 그러면서 또 모세의 영광을 이야기합니다. 우리가 모세의 이야기를 읽으면서 모세가 시내산에 율법을 가지러 올라가서 하나님의 임재 가운데 있다 보니 산에서 내려올 때 얼굴에 영광이 있었습니다. 그래서 다른 사람들이 보지 못하게 그 영광을 가리려고 수건을 쓰는 장면이 나옵니다. 우리가 예전에 이것을 읽을 때는 '모세는 하나님의 임재 가운데 가서 하나님의 영광이 묻어 나왔으니 나도 그럴 수 있으면 좋겠다.' 라고 생각했을 것입니다. 그런데 지금 사도 바울이 모세의 얼굴에 있던 영광과 하나님의 자녀에게 있는 우리의 영광을 비교하고 있습니다. 모세의 얼굴에 있던 그 영광과 지금 우리에게, 즉 새로 거듭난 그리스도인에게 있는 영광을 비교하고 있는 것입니다. 그는 또한 모세의 직분과 우리의 직분에 대해 말합니다. 모세는 율법을 가지고 온 정죄의 직분을 받았고 우리는 영광의 직분을 받았다고 말하면서 이렇게 비교하고 있습니다.

정죄의 직분에 영광이 있다면 의의 직분에는 영광이 더욱 많으리라. (고후 3:9)

이전에는 영광스러운 것이었을지라도 그것을 앞지르는 영광 때문에 이런 점에서는 영광스럽지 못한 것이라. (고후 3:10)

모세의 영광은 정말 영광스러운 것이었지만 더 충만한 영광이 왔기 때문에 그것은 더 이상 영광이라고 할 수도 없으며, 모세의 영광과 비교할 수도 없는 영광이 너희에게 있다고 말합니다.

없어져 버린 것도 영광스럽다면 영속할 것은 영광이 훨씬 더 많으리라. 정녕 우리가 그러한 소망을 가진 것을 담대하게 말하노니 모세가 이스라엘 자손이 없어질 것의 종말을 지켜보지 못하게 하려고 자기 얼굴에 수건을 가리는 것 같이는 아니하노라. 그들의 마음이 완고하여 오늘까지도 옛 언약을 읽을 때에 그와 같은 수건이 벗겨지지 아니하고 남아 있으나, 그 수건은 그리스도 안에서 없어지는 것이라. (고후 3:11-14)

그렇지만 주께로 돌아서면 그 수건은 벗겨지리라. 이제 그 영은 주시니 주의 영이 계신 곳에는 자유가 있느니라. (고후 3:16-17)

위에 성경 구절에서 하나님의 영이 있는 곳에 자유가 있다고 했는데, 우리는 항상 자유를 억압되었다가 풀려나는 것으로만 생각합니다. 그런데 여기서는 긍정적인 자유에 대해 생각해 보겠습니다. 오늘까지는 능력의 한계 때문에 우리에게 어떤 한계가 있었다고 가정해 봅시다.

예를 들어 어떤 사람이 혈기를 부리면 불이익을 당한다는 것을 알지만 화가 나면 참지 못하고 또 혈기를 부립니다. 그것이 그 사람의 한계입니다. 그런데 그 한계로부터 자유해지는 것, 즉 한계를 넘어서는 것이 여기서 말하는 자유입니다. 이것은 우리가 지금 살고 있는 상태, 그 한계에서 벗어나는 것입니다. 이렇게 자유해지는 일은 성령으로 말미암아 가능하다고 말합니다.

그러나 수건을 벗은 얼굴로 보는 것같이 주의 영광을 유리를 통해 보는 우리 모두는 주의 영으로 말미암은 것같이 영광에서 영광에 이르는 똑같은 형상으로 변모되느니라. (고후 3:18)

"그러나 유리를 통해 보는 것같이 수건을 벗은 얼굴로…"에서 수건은 우리가 율법적으로 접근하는 것을 말합니다. 그러므로 율법적으로 접근하지 않고 주의 영광을 유리를 통해 보는 우리 모두는 주의 영으로 말미암은 것 같이 영광에서 영광에 이르는 똑같은 형상으로 변모되는 것입니다. 지금 모세의 영광을 말하면서, 그리스도인인 너희에게는 훨씬 큰 영광이 있다고 말했습니다. 이는 우리가 말씀 안에서 우리 안에 어떤 능력이 있는지를 들여다보고 또 들여다보면 우리도 모르는 사이에 그 영광이 점점 더 나타난다는 것입니다. 모세가 하나님의 영광으로 충만하여 나온 것 같이 우리가 말씀을 들여다볼 때 "영광에서 영광에 이르는" 더 큰 영광으로 나아가게 되는 것입니다.

영광이라는 것은 하나님의 임재와 능력을 말합니다. 모세가 하나님의 임재 가운데 있었고 능력을 입고 나왔듯이, 우리도 그리스도 안에서 우리가 누구인지 무엇을 가지고 있는지 무엇을 할 수 있는지를 계속 들여다보면, 성령님의 역사로 말미암아 그 영광의 능력이 증가하고 한계를 벗어나는 일들이 계속 일어나게 됩니다. 성령께서 역사하셔서 한 단계의 영광이 다음 단계의 영광으로, 이 단계의 능력에서 다음 단계의 능력으로 전진하는 것입니다.

예를 들면, 어떤 죄에 늘 넘어지는 사람이었는데 자기가 의인이라는 것을 계속 바라보고 선포하고 들여다보다 보니 어느 날 더 이상 죄를 짓지 않는 사람으로 나타나는 것입니다. 그것이 바로 거울 원리입니다. 우리는 거울 원리로 접근합니다. 거울 원리로 접근하기 위해서는 훈련이 필요합니다. 그 훈련은 배우는 대로 바로바로 삶에 적용하는 것입니다. 오늘 어떤 말씀을 배웠으면 '정말 말씀이 그런가?' 해서 성경으로 확인해 보고 자신을 그 말씀에 복종시킵니다. 말씀이 말하는 대로 생각을 바꾸고 말하고 그것을 머릿속에 그리는 것입니다. 그러면 자연스럽게 다음의 세 단계를 거치게 될 것입니다.

거울 원리의 세 단계

그 세 단계는 선견foresight, 통찰insight, 지시instruction**입니다.** 선견은 내가 지금 목이 아프고 너무 연약한 사람인데 성경을 보았더니 "너는 하나님의 신성한 건강으로 건강한 자이다"라고 말합니다. 말씀을 통해서 건강한 내 모습을 멀리 볼 수 있습니다. 현재의 내 모습을 내려다 보면 질병이 있어서 병원에 가고 있지만 성경을 보니 내가 이렇게 사는 것이 합당하지 않으므로 건강한 모습으로 살아가는 것을 그릴 수 있습니다. 그런 그림을 멀리 바라보며 '저렇게 사는 것이 마땅해! 저게 내 삶이지!' 라고 말하는 단계입니다. 사람들이 그동안 저질렀던 실수 중 하나는 성경에서 말하는 것이 자신의 삶에서 실재가 되지 않는 것을 볼 때 '저건 말씀이고 나는 그냥 이렇게 사는 것이 마땅해…' 라고 생각하며 같은 자리에 머물기로 선택했다는 것입니다. 이제 우리는 말씀을 통해 어떤 모습으로 살아야 되는지를 멀리 바라봅니다. 지금 당장 그렇게 나타나지 않아도 '저것은 진리이고 하나님의 말씀이 그리스도 예수 안에서 나에게 주신 삶이기 때문에 그렇게 살기로 작정하겠어!' 하고 바라봅니다. 그리고 우리는 선포합니다.

예를 들어, 아픈 것이 문제라면 건강할 것을 바라보고 그것이 마땅한 것이므로 "예수님이 채찍에 맞음으로 내가 나았습니다. 나는 신성한 건강으로 사는 자입니다. 내 안에는 영생이 있습니다. 영생은 하나님의 생명입니다. 어떤 질병도 내 몸에 머물 수 없습니다."라고 계속 말하며 바라봅니다. 성경이 그렇다고 말하기 때문에 시작했는데 계속해서 말하다 보니, 어느 순간 그 말씀이 내 안에 있는 통찰력으로 바뀌게 됩니다. '그렇지! 내가 아플 필요가 없지! 아하! 이것이 내 것이었구나!' 하고 말입니다. 이제는 더 이상 멀리 보는 그림이 아니라 내 것이라는 통찰력으로 바뀌게 됩니다. 그러면 그다음에 자연스럽게 '이제 내가 어떻게 해야 되지?' 하는 의문을 갖게 되고, 그때 그것에 대한 지시가 오게 됩니다. 치유 같은 것은 통찰력만으로도 받는 순간 질병에서 빠져 나올 수가 있습니다. 그러나 재정 분야 같은 것이라면 깨달았다고 해서 돈이 저절로 오는 것은 아닙니다.

먼저 '그러면 어떻게 해야 되지? 나는 부요한 삶을 사는 것이 마땅한데. 그럼 이제 내가 어떻게 해야 되지?' 하는 의문을 갖게 되고, 그럴 때 성령 안에서 그 다음에 지시가 오게 됩니다. 그것이 바로 지혜wisdom입니다. 이것은 내가 해야 될 일이 무엇인지 알고 그 일을 해 나갈 때 결국 그쪽 분야에서 말씀이 삶에 실재로 나타나게 되는 것입니다. 모든 것이 이런 과정을 통해서 옵니다.

성경에서 보는 먼 그림이 나에게 안 되고 있다고 해서 '저건 아니다.' 라고 생각하는 것은 바른 접근이 아닙니다. 이제는 성경 말씀이 그렇다고 하면 비록 내가 안 되어도, 하나님의 말씀은 옳고 진리이므로 그것을 옳게 바라보는 일을 계속하면서 선포해야 합니다. 그렇게 우리가 배우는 대로 삶에 적용할 때 이 모든 과정 가운데 성령의 역사가 있습니다. 우리는 늘 성령의 역사를 기대할 수 있습니다. 어느 순간에 어떻게 역사하실지는 알 수 없지만 성령께서 필요에 따라 움직이실 것입니다. 어느 날 갑자기 선견, 즉 저 멀리 보이던 그림이 '아! 내가 이런 자이구나!' 하고 깨닫게 되며 통찰력으로 오는 것은 성령님이 역사하신 것입니다. 그런데 그 성령님은 우리 안에 있는 말씀을 사용하십니다. 말씀이 없으면 그분은 그런 역사를 하실 수가 없습니다. 성령님께서 우리 안에 있는 말씀을 사용하시려고 하는데, 전부 율법적인 말씀만 가득 들어 있다면 그분은 그런 말씀을 사용하실 수 없습니다.

제가 늘 비유로 말씀 드리듯이 우리 성령님은 마치 아주 유능한 요리사와 같습니다. 그러나 요리사 중에서도 최고의 요리사로 어떤 음식이든 만들 수 있고 최고의 음식을 만들어 낼 수 있는 그런 유능한 요리사가 있다 하더라도, 만일 합당한 재료가 없다면 좋은 음식을 만들 수 없을 것입니다. 성령님은 우주 만물을 창조하신 하나님의 능력으로 우리 안에서 우리를 돕고 인도하고 계십니다. 새로운 피조물인 내가 그리스도 안에서 어떤 자이며 무엇을 가지고 있고 무엇을 할 수 있는지에 대한 하나님의 말씀은 성령님께서 언제나 사용하실 수 있는 좋은 재료들입니다. 이런 말씀을 통해 우리가 어떻게 사는 것이 합당한 것인지 바라고 소망할 때 우리 안에 계신 성령의 역사로 통찰력이 주어지고, 합당한 지시에 순종할 때 우리 삶의 각 분야는 하나님께서 그리스도 안에서 예비하신 영광스러운 삶의 모습으로 나타나 영광에서 영광으로 능력에서 능력으로 전진할 것입니다.

새로운 피조물로 접근할 때 우리는 제한 없이 진보하게 됩니다.

하나님께서 예수님을 보내주심으로 우리를 거듭나게 하신 것은 우리가 새로운 피조물인 하나님의 자녀가 되어 마주치는 환경과 사건마다 다스리고 살 수 있도록 모든 것을 예비해 주신 것입니다. 그리고 우리가 거듭날 때 우리에게 오신 성령님은 오늘도 우리가 왕 노릇 하도록 인도하고 계십니다. 할렐루야!

믿음의말씀사 출판물

구입문의 : 031-8005-5483 http://faithbook.kr

■ 케네스 해긴의 「믿음 도서관」 책들

- 새로운 탄생
- 재정 분야의 순종
- 나는 지옥에 갔다 왔습니다
- 하나님의 처방약
- 더 좋은 언약
- 예수의 보배로운 피
- 하나님을 탓하지 마십시오
- 네 주장을 변론하라
- 셀 모임에서 성령인도 받기
- 안수
- 치유를 유지하는 법
- 사랑은 결코 실패하지 않습니다
- 하나님께서 내게 가르쳐 주신 형통의 계시
- 왜 능력 아래 쓰러지는가?
- 다가오는 회복
- 잊어버리는 법을 배우기
- 위대한 세 단어
- 하나님의 은사와 부르심
- 그 이름은 "놀라우신 분"
- 우리에게 속한 것을 알기
- 성령을 받는 성경적인 방법
- 하나님의 영광
- 은혜 안에서의 성장을 방해하는 다섯 가지
- 사랑 가운데 걷는 법
- 바울의 계시: 화해의 복음
- 당신은 당신이 말하는 것을 가질 수 있습니다
- 그리스도 안에서
- 말
- 방언기도의 능력을 풀어 놓으라
- 옳은 사고방식 틀린 사고방식
- 속량 – 가난, 질병, 영적 죽음에서 값 주고 되사다
- 네 염려를 주께 맡겨라
- 예언을 분별하는 일곱 단계
- 절망적인 상황을 반전시키기
- 당신의 믿음을 풀어 놓는 법
- 진짜 믿음
- 믿음이란 무엇인가
- 그리스도께서 지금 하고 계시는 일
- 충분하고도 넘치는 하나님 엘 샤다이
- 금식에 관한 상식
- 하나님의 말씀 : 모든 것을 고치는 치료제
- 가족을 섬기는 법
- 조에
- 당신이 알아야 하는 신유에 관한 일곱 가지 원리
- 여성에 관한 질문들
- 인간의 세 가지 본성
- 몸의 치유와 속죄
- 크게 성장하는 믿음
- 하나님 가족의 특권
- 기도의 기술
- 나는 환상을 믿습니다
- 병을 고치는 하나님의 말씀
- 영적 성장
- 신선한 기름부음
- 믿음이 흔들리고 패배한 것 같을 때 승리를 얻는 법
- 믿음의 선한 싸움을 싸우는 법
- 하나님의 계획과 목적과 추구
- 예수 열린 문
- 믿음의 계단
- 당신을 향한 하나님의 계획
- 역사하는 기도
- 기름부음의 이해
- 내주하시는 성령 임하시는 성령
- 재정적인 번영에 대한 성경적 열쇠들
- 어떻게 하나님의 영으로 인도받을 수 있는가?

- 마이더스 터치
- 치유의 기름부음
- 그리스도의 선물
- 방언
- 믿는 자의 권세(생애기념판)
- 믿음의 양식
- 승리하는 교회

■ E. W. 케년
- 십자가에서 보좌까지
  무슨 일이 일어났는가?
- 두 가지 의
- 놀라우신 그 이름 예수
- 하나님 아버지와 그분의 가족
- 나의 신분증
- 두 가지 생명
- 새로운 종류의 사랑
- 그분의 임재 안에서
- 속량의 관점에서 본 성경
- 두 가지 지식
- 피의 언약
- 숨은 사람
- 두 가지 믿음
- 새로운 피조물의 실재

■ 스미스 위글스워스
- 스미스 위글스워스의 천국
- 스미스 위글스워스의 매일묵상
- 위글스워스는 이렇게 했다
- 스미스 위글스워스의 능력의 비밀

■ T. L. 오스본
- 행동하는 신자들
- 기적 – 하나님 사랑의 증거
- 새롭게 시작하는 기적 인생
- 좋은 인생
- 성경적인 치유
- 능력으로 역사하는 메시지
- 100개의 신유 진리
- 24 기도 원리 7 기도 우선순위
- 하나님의 큰 그림
- 긍정적 욕망의 힘
- 당신은 하나님의 최고의 작품입니다

■ 잔 오스틴
- 믿음의 말씀 고백기도집
- 하나님의 사랑의 흐름
- 견고한 진 무너뜨리기
- 초자연적인 흐름을 따르는 법
- 당신의 운명을 바꿀 수 있습니다
- 어떻게 하나님의 능력을 풀어놓을 수 있는가?

■ 크리스 오야킬로메
- 여기서 머물지 말라
- 이제 당신이 거듭났으니
- 당신의 인생을 재창조하라
- 이 마차에 함께 타라
- 그리스도 안에 있는 당신의 권리
- 성령님과 당신
- 성령님이 당신 안에서 행하실 일곱 가지
- 성령님이 당신을 위해 행하실 일곱 가지
- 기적을 받고 유지하는 법
- 하나님께서 당신을 방문하실 때
- 올바른 방식으로 기도하기
- 당신의 믿음을 역사하게 하는 법
- 끝없이 샘솟는 기쁨
- 기름과 겉옷
- 약속의 땅
- 하나님의 일곱 영
- 예언
- 시온의 문
- 하늘에서 온 치유
- 효과적으로 기도하는 법
- 어떤 질병도 없이
- 주제별 말씀의 실재
- 마음의 능력

■ 앤드류 워맥
- 당신은 이미 가졌습니다
- 은혜와 믿음의 균형 안에 사는 삶
- 하나님은 당신이 건강하기 원하십니다
- 영 · 혼 · 몸
- 전쟁은 끝났습니다
- 믿는 자의 권세
- 새로운 당신과 성령님
- 노력 없이 오는 변화
- 하나님의 충만함 안에 거하는 열쇠
- 더 좋은 기도 방법 한 가지
- 재정의 청지기 직분
- 하나님을 제한하지 마라
- 하나님의 뜻을 발견하고 따라가며 성취하라
- 하나님의 참 본성
- 하나님의 최선 안에 사는 법
- 더 큰 은혜 더 큰 은총
- 리더십의 10가지 핵심요소

■ 기타 「믿음의 말씀」 설교자들
- 성령의 삶 능력의 삶
- 복을 취하는 법
- 주는 자에게 복이 되는 선물
- 믿음으로 사는 삶
- 붉은 줄의 기적
- 당신이 말한 대로 얻게 됩니다
- 예수-치유의 길 건강의 능력
- 성령 안의 내 능력
- 존 G. 레이크의 치유
- 믿음과 고백
- 임재 중심 교회
- 성령충만한 그리스도인의 지침서
- 열정과 끈기
- 제자 만들기
- 어떻게 교회를 배가하는가
- 운명
- 모든 사람을 위한 치유
- 회복된 통치권
- 그렇지 않습니다
- 당신의 자녀를 리더로 훈련하라
- 오순절 운동을 일으킨 하나님의 바람
- 주일 예배를 넘어서
- 신약교회를 찾아서
- 내가 올 때까지
- 매일의 불씨
- 여성의 건강한 자아상

■ 김진호 · 최순애
- 왕과 제사장
- 새로운 피조물의 실재
- 믿음의 반석
- 새 언약의 기도
- 새로운 피조물 고백기도집
(한글판 / 한영대조판)
- 성령 인도
- 복음의 신조
- 존중하는 삶
- 성경의 세 가지 접근
- 말씀 묵상과 고백
- 그리스도의 교리
- 영혼 구원
- 새로운 피조물
- 믿음의 말씀 운동의 뿌리
- 1인 기업가 마인드
- 내 양을 치라
- 새사람을 입으라